Impressum
Verlag: BABADADA GmbH, Nedderfeld 112 , 22529 Hamburg
Geschäftsführer / Verlagsleitung: Harald Hof
Druck: Books on Demand GmbH, In de Tarpen 42, 22848 Norderstedt

Imprint
Publisher: BABADADA GmbH, Nedderfeld 112 , 22529 Hamburg, Germany
Managing Director / Publishing direction: Harald Hof
Print: Books on Demand GmbH, In de Tarpen 42, 22848 Norderstedt

dividir
divide

186/2

el pizarrón
board

el aula
classroom

el maestro
teacher

el papel
paper

escribir
write

la birome
pen

el escritorio
desk

la regla
ruler

el libro
book

el alumno
pupil

la mochila

satchel

la caja de lápices

pencil case

el lápiz

pencil

el sacapuntas

pencil sharpener

la goma (de borrar)

rubber

el bloc de dibujo

drawing pad

el dibujo

drawing

el pincel

paintbrush

la caja de pinturas

paint box

la tijera

scissors

el pegamento

glue

el cuaderno de ejercicios

exercise book

la tarea

homework

el número

number

sumar

add

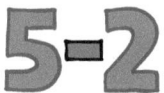

restar

subtract

multiplicar

multiply

calcular

calculate

la letra

letter

el abecedario

alphabet

la palabra

word

el texto

text

leer

read

la tiza

chalk

la lección

lesson

el cuaderno de clase

register

el examen

exam

el certificado

certificate

el uniforme escolar

school uniform

la educación

education

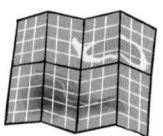

la enciclopedia

encyclopedia

la universidad

university

el microscopio

microscope

el mapa

map

el tacho (de basura)

paper bin

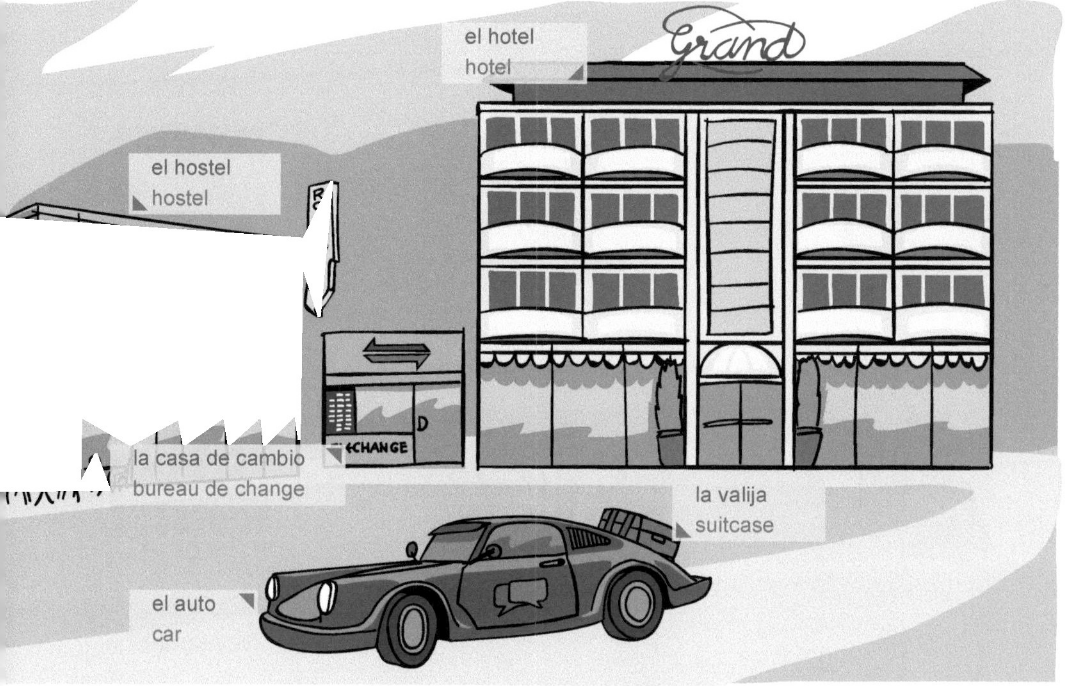

el hotel
hotel

el hostel
hostel

la casa de cambio
bureau de change

la valija
suitcase

el auto
car

el idioma
language

sí / no
yes / no

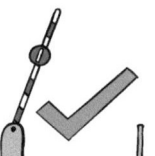

Está bien
Okay

hola
hello

el traductor
translator

Gracias
Thank you

el viaje - travel

¿cuánto cuesta...?

how much does ... cost?

No entiendo

I do not understand

el problema

problem

¡Buenas tardes!

Good evening!

¡Buenos días!

Good morning!

¡Buenas noches!

Good night!

el adiós

bye bye

la dirección

direction

el equipaje

luggage

el bolso

bag

la mochila

backpack

el invitado

guest

la habitación

room

la bolsa de dormir

sleeping bag

la carpa

tent

el viaje - travel

la información turística

tourist information

la playa

beach

la tarjeta de crédito

credit card

el desayuno

breakfast

el almuerzo

lunch

la cena

dinner

el pasaje

ticket

el ascensor

lift

el sello

stamp

la frontera

border

la aduana

customs

la embajada

embassy

la visa

visa

el pasaporte

passport

transport

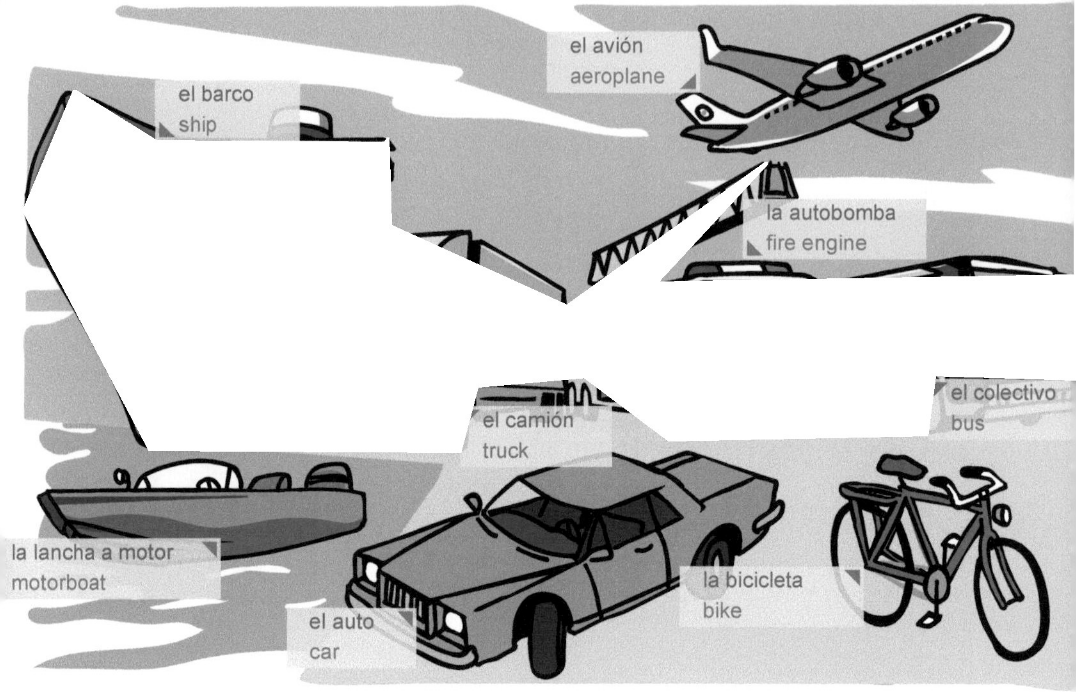

el avión
aeroplane
el barco
ship
la autobomba
fire engine
el colectivo
bus
el camión
truck
la lancha a motor
motorboat
la bicicleta
bike
el auto
car

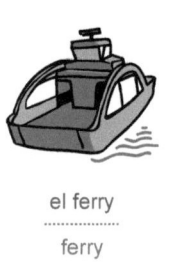

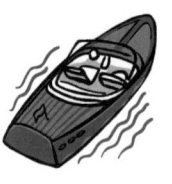

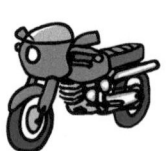

el ferry

ferry

el bote

boat

la moto

motorbike

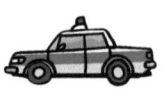

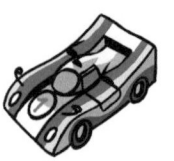

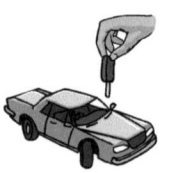

el patrullero

police car

el auto de carreras

racing car

el auto de alquiler

rental car

el alquiler de autos

car sharing

la grúa

breakdown truck

el camión de la basura

refuse truck

el motor

motor

la nafta

fuel

la estación de servicio

petrol station

la señal de tránsito

traffic sign

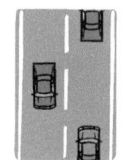

el tránsito

traffic

el embotellamiento

traffic jam

el estacionamiento

car park

la estación de tren

train station

las vías

tracks

el tren

train

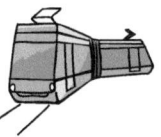

el tranvía

tram

el vagón

carriage

el transporte - transport

el helicóptero

helicopter

el aeropuerto

airport

la torre

tower

el pasajero

passenger

el contenedor

container

la caja de cartón

carton

la carretilla

cart

la canasta

basket

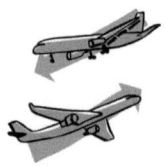

despegar / aterrizar

take off / land

city

el pueblo

village

el centro de la ciudad

city centre

la casa

house

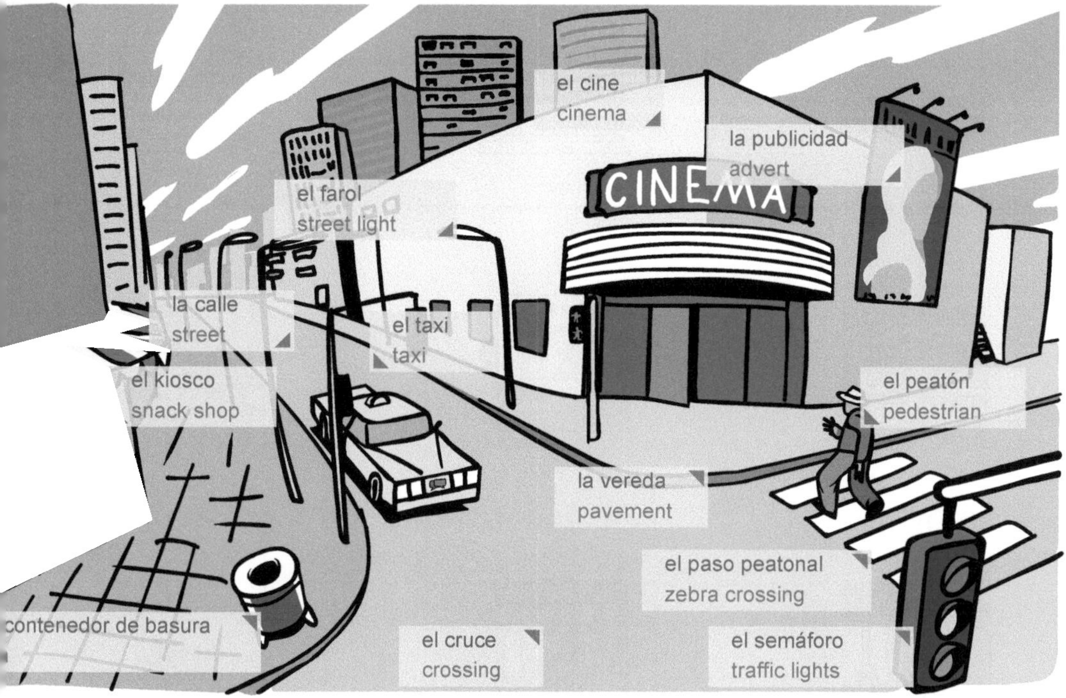

el cine
cinema

la publicidad
advert

el farol
street light

la calle
street

el taxi
taxi

el kiosco
snack shop

el peatón
pedestrian

la vereda
pavement

el paso peatonal
zebra crossing

contenedor de basura

el cruce
crossing

el semáforo
traffic lights

la cabaña
hut

el departamento
flat

la estación de tren
train station

la municipalidad
town hall

el museo
museum

el colegio
school

la ciudad - city

la universidad

university

el banco

bank

el hospital

hospital

el hotel

hotel

la farmacia

pharmacy

la oficina

office

la librería

book shop

el negocio

shop

la florería

florist's

el supermercado

supermarket

el mercado

market

las grandes tiendas

department store

la pescadería

fishmonger's

el centro comercial

shopping centre

el puerto

harbour

el parque

park

el banco

bench

el puente

bridge

las escaleras

stairs

el subte

underground

el túnel

tunnel

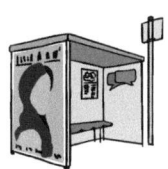

la parada del colectivo

bus stop

el bar

bar

el restaurante

restaurant

el buzón

postbox

el letrero

road sign

el parquímetro

parking meter

el zoológico

zoo

la pileta

swimming pool

la mezquita

mosque

la granja

farm

la contaminación

pollution

el cementerio

graveyard

la iglesia

church

los juegos infantiles

playground

el templo

temple

landscape

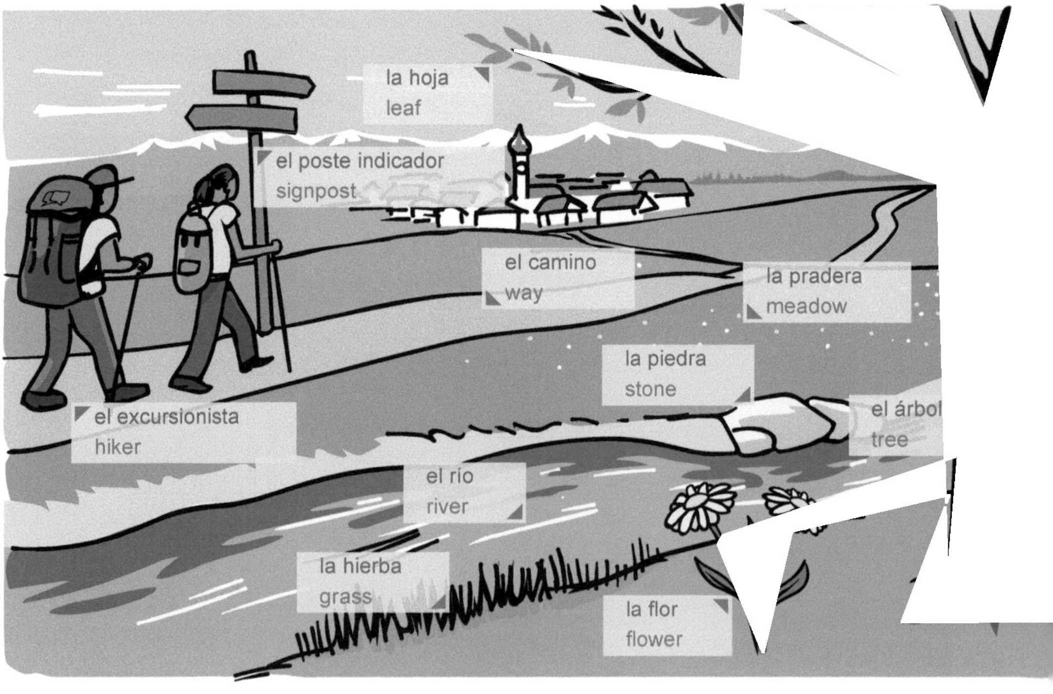

la hoja
leaf

el poste indicador
signpost

el camino
way

la pradera
meadow

la piedra
stone

el árbol
tree

el excursionista
hiker

el río
river

la hierba
grass

la flor
flower

el valle

valley

la montaña

hill

el lago

lake

el bosque

forest

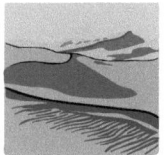

el desierto

desert

el volcán

volcano

el castillo

castle

el arco iris

rainbow

el champiñón

mushroom

la palmera

palm tree

el mosquito

mosquito

la mosca

fly

la hormiga

ant

la abeja

bee

la araña

spider

el escarabajo

beetle

la rana

frog

la ardilla

squirrel

el erizo

hedgehog

la liebre

hare

la lechuza

owl

el pájaro

bird

el cisne

swan

el jabalí

boar

el ciervo

deer

el alce

moose

la presa

dam

el aerogenerador

wind turbine

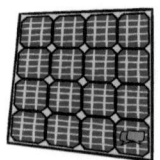

el panel solar

solar panel

el clima

climate

el mozo
waiter

el menú
menu

la silla
chair

la sopa
soup

la pizza
pizza

los cubiertos
cutlery

el mantel
tablecloth

la entrada
starter

el plato principal
main course

el postre
dessert

las bebidas
drinks

la comida
food

la botella
bottle

el restaurante - restaurant

la comida rápida

fast food

la comida callejera

street food

la tetera

teapot

la azucarera

sugar bowl

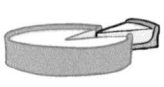

la porción

portion

la cafetera expreso

espresso machine

la sillita alta

high chair

la cuenta

bill

la bandeja

tray

el cuchillo

knife

el tenedor

fork

la cuchara

spoon

la cucharita

teaspoon

la servilleta

serviette

el vaso

glass

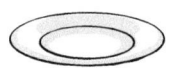

el plato

plate

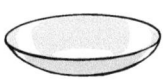

el plato hondo

soup plate

el plato

saucer

la salsa

sauce

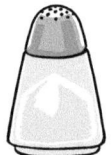

el salero

salt cellar

el molinillo de pimienta

pepper mill

el vinagre

vinegar

el aceite

oil

las especias

spices

el kétchup

ketchup

la mostaza

mustard

la mayonesa

mayonnaise

supermarket

la oferta especial
special offer
FOR
el cliente
customer
los lácteos
dairy
la fruta
fruit
el changuito
trolley

BUTCHERS

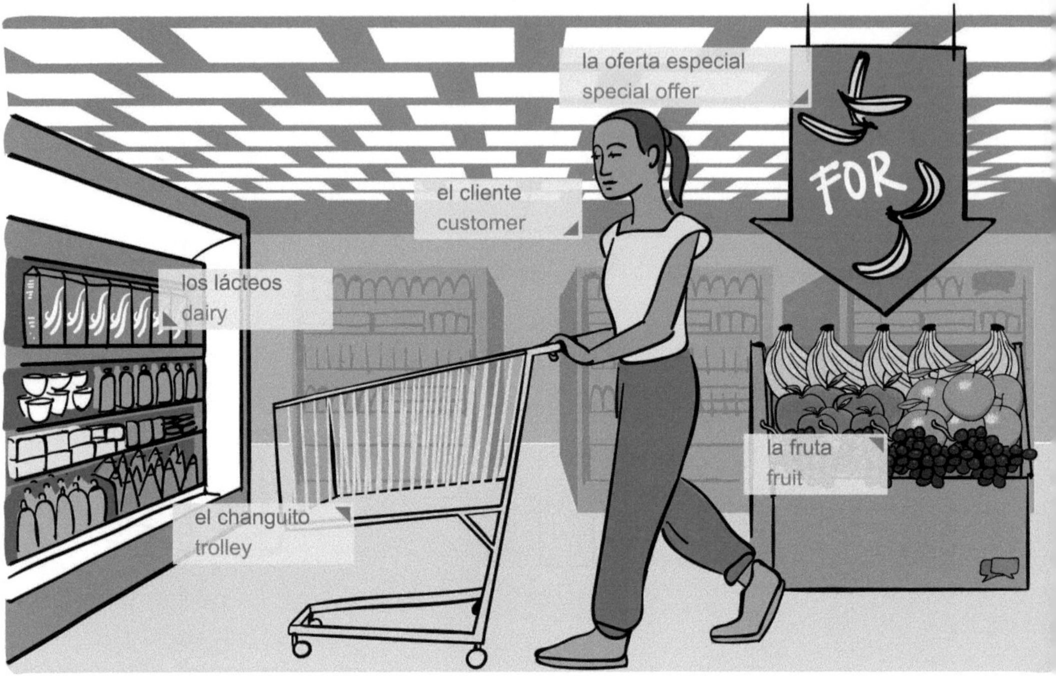

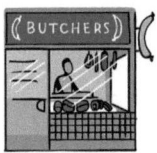

la carnicería

butcher´s

BAKERY

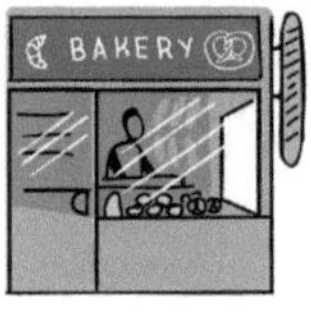

la panadería

baker´s

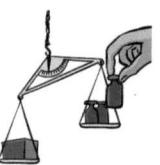

pesar

weigh

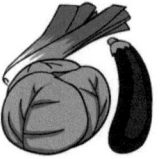

las verduras

vegetables

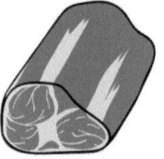

la carne

meat

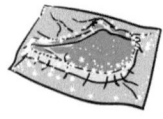

los alimentos congelados

frozen food

los fiambres

cold meat

los alimentos enlatados

tinned food

el detergente en polvo

washing powder

las golosinas

sweets

los electrodomésticos

household products

los productos de limpieza

cleaning products

la vendedora

salesperson

la caja

till

el cajero

cashier

la lista de compras

shopping list

el horario de atención

opening hours

la billetera

wallet

la tarjeta de crédito

credit card

la cartera

bag

la bolsa de plástico

plastic bag

el agua

water

el jugo

juice

la leche

milk

la bebida cola

coke

el vino

wine

la cerveza

beer

el alcohol

alcohol

el cacao

cocoa

el té

tea

el café

coffee

el café expreso

espresso

el cappuccino

cappuccino

la banana

banana

la manzana

apple

la naranja

orange

el melón

melon

el limón

lemon

la zanahoria

carrot

el ajo

garlic

el bambú

bamboo

la cebolla

onion

el champiñón

mushroom

las nueces

nuts

los fideos

noodles

los tallarines
....
spaghetti

el arroz
....
rice

la ensalada
....
salad

las papas fritas
....
chips

las papas fritas
....
fried potatoes

la pizza
....
pizza

la hamburguesa
....
hamburger

el sándwich
....
sandwich

el churrasco
....
cutlet

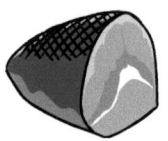

el jamón
....
ham

el salame
....
salami

la salchicha
....
sausage

el pollo
....
chicken

el asado
....
roast

el pescado
....
fish

los copos de avena

porridge oats

el muesli

muesli

los copos de maíz

cornflakes

la harina

flour

la medialuna

croissant

el pancito

bread roll

el pan

bread

la tostada

toast

las galletitas

biscuits

la manteca

butter

la cuajada

curd

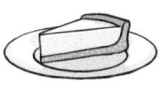

la torta

cake

el huevo

egg

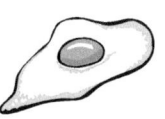

el huevo frito

fried egg

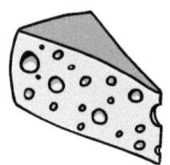

el queso

cheese

el helado

ice cream

el azúcar

sugar

la miel

honey

la mermelada

jam

la pasta de chocolate

chocolate spread

el curry

curry

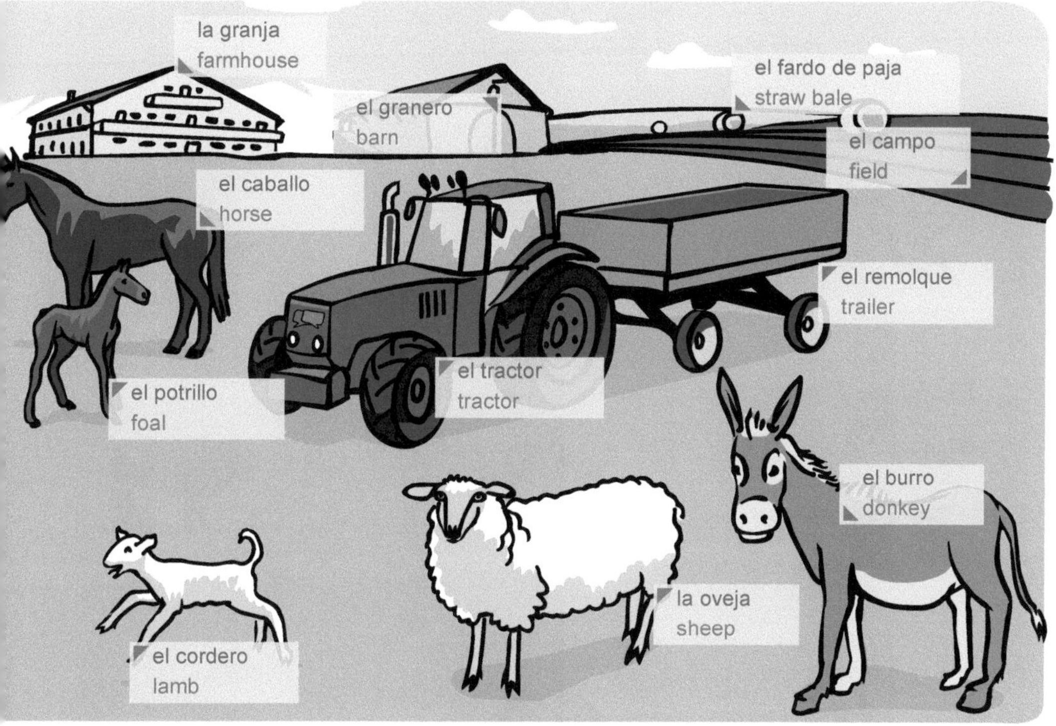

la granja
farmhouse

el granero
barn

el fardo de paja
straw bale

el campo
field

el caballo
horse

el remolque
trailer

el potrillo
foal

el tractor
tractor

el burro
donkey

la oveja
sheep

el cordero
lamb

la cabra
goat

la vaca
cow

el ternero
calf

el cerdo
pig

el lechón
piglet

el toro
bull

el ganso

goose

el pato

duck

el pollo

chick

la gallina

hen

el gallo

cock

la rata

rat

el gato

cat

el ratón

mouse

el buey

ox

el perro

dog

la cucha

doghouse

la manguera

garden hose

la regadera

watering can

la guadaña

scythe

el arado

plough

la hoz

sickle

la azada

hoe

la horquilla

pitchfork

el hacha

axe

la carretilla

wheelbarrow

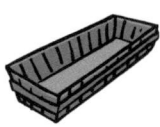

el abrevadero

trough

la lechera

milk can

la bolsa

sack

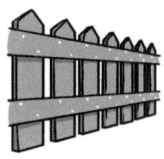

la reja

fence

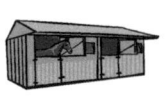

el establo

stable

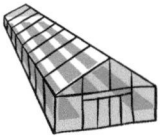

el invernadero

greenhouse

el suelo

soil

la semilla

seed

el fertilizador

fertilizer

la cosechadora

combine harvester

cosechar

harvest

la cosecha

harvest

las batatas

yams

el trigo

wheat

la soja

soy

la papa

potato

el maíz

corn

la semilla de colza

rapeseed

el árbol frutal

fruit tree

la mandioca

cassava

los cereales

cereals

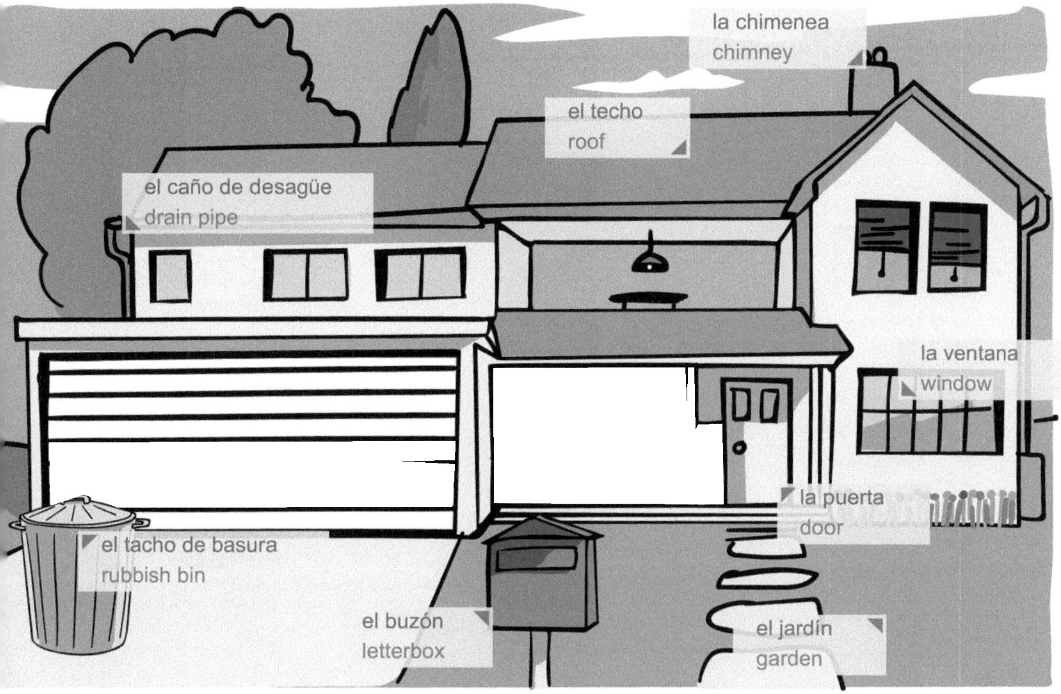

la chimenea
chimney

el techo
roof

el caño de desagüe
drain pipe

la ventana
window

la puerta
door

el tacho de basura
rubbish bin

el buzón
letterbox

el jardín
garden

el living
living room

el baño
bathroom

la cocina
kitchen

el dormitorio
bedroom

el cuarto de los chicos
child's room

el comedor
dining room

la casa - house

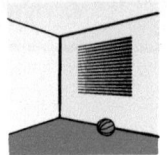

el piso

floor

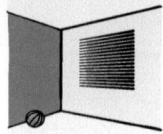

la pared

wall

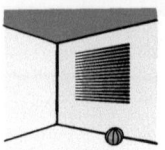

el cielorraso

ceiling

el sótano

cellar

el sauna

sauna

el balcón

balcony

la terraza

terrace

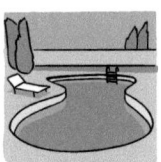

la pileta

pool

la cortadora de pasto

lawn mower

la sábana

sheet

el acolchado

bedspread

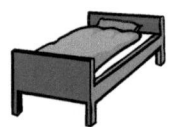

la cama

bed

la escoba

broom

el balde

bucket

el interruptor

switch

el empapelado
wallpaper

la imagen
picture

la lámpara
lamp

el estante
shelf

el armario
cupboard

la chimenea
fireplace

la televisión
television

la flor
flower

el almohadón
cushion

el florero
vase

el sofá
sofa

el control remoto
remote control

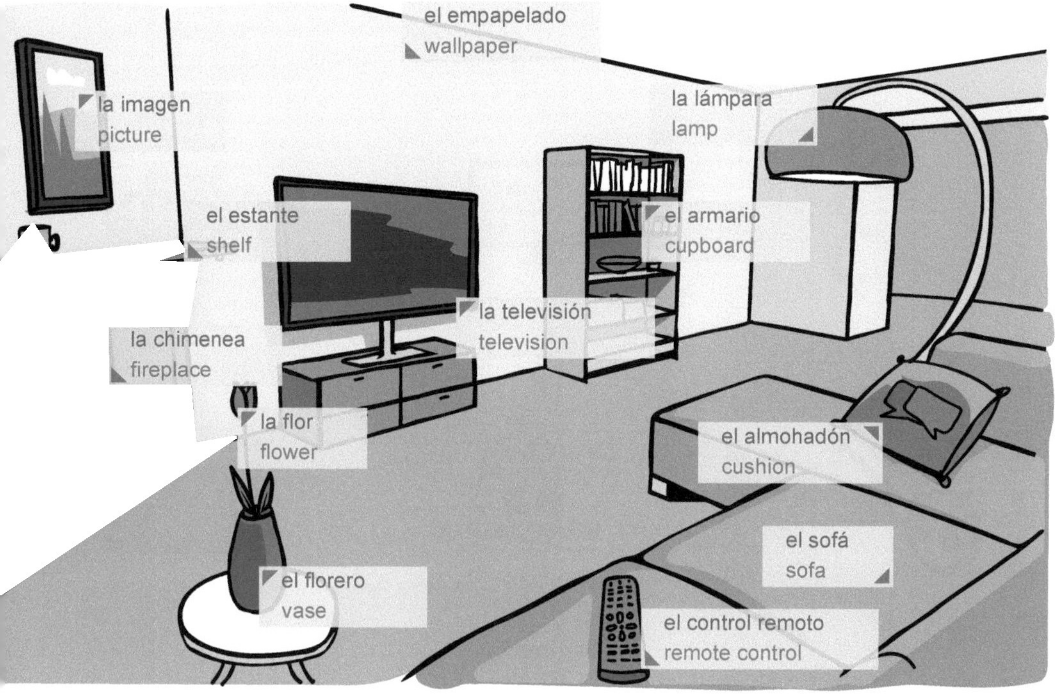

la alfombra

carpet

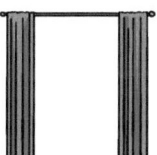

la cortina

curtain

la mesa

table

la silla

chair

la mecedora

rocking chair

el sillón

armchair

el libro

book

la frazada

blanket

la decoración

decoration

la leña

firewood

la película

film

el equipo de música

hi-fi equipment

la llave

key

el diario

newspaper

la pintura

painting

el póster

poster

la radio

radio

el cuaderno

notepad

la aspiradora

hoover

el cactus

cactus

la vela

candle

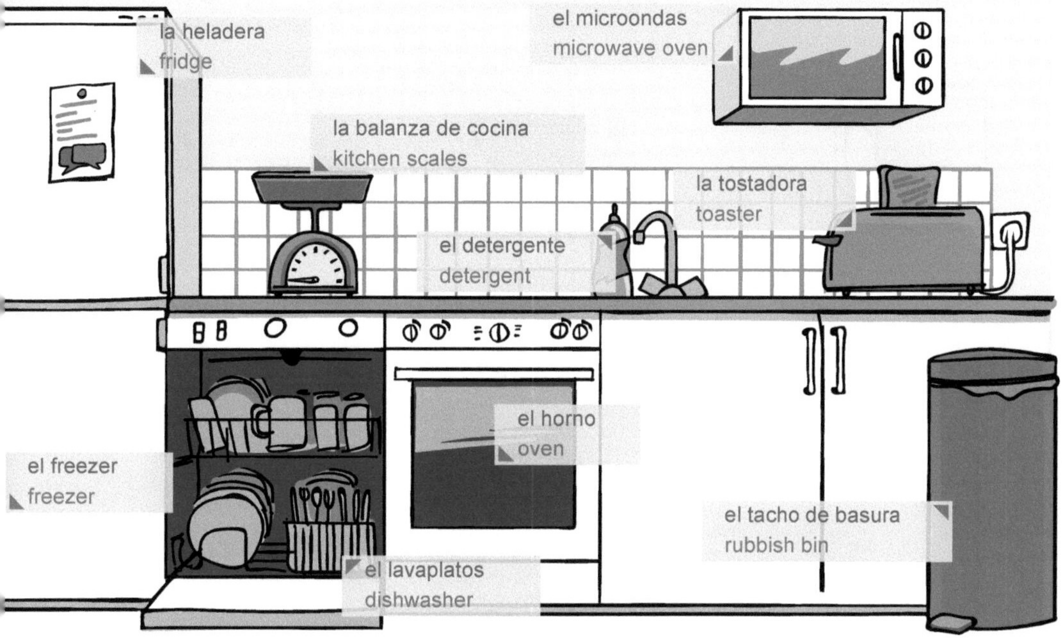

la heladera
fridge

el microondas
microwave oven

la balanza de cocina
kitchen scales

la tostadora
toaster

el detergente
detergent

el horno
oven

el freezer
freezer

el tacho de basura
rubbish bin

el lavaplatos
dishwasher

la cocina

cooker

la olla

pot

la olla de hierro fundido

cast-iron pot

el wok

wok / kadai

la sartén

pan

la pava

kettle

la vaporera

steamer

la bandeja de horno

baking tray

la vajilla

crockery

la taza

mug

el bol

bowl

los palitos

chopsticks

el cucharón

ladle

la espátula

spatula

la batidora

whisk

el colador

strainer

el colador

sieve

el rallador

grater

el mortero

mortar

la parrilla

barbecue

la fogata

open fire

la tabla de picar

chopping board

el palo de amasar

rolling pin

el sacacorchos

corkscrew

la lata

can

el abrelatas

can opener

la manopla

pot holder

la pileta

sink

el cepillo

brush

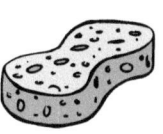

la esponja

sponge

la batidora

blender

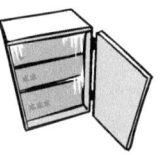

el congelador

deep freezer

la mamadera

baby bottle

la canilla

tap

la cocina - kitchen

la ducha
shower

la calefacción
heating

la toalla
towel

la cortina de la ducha
shower curtain

el baño de espuma
bubble bath

la bañadera
bathtub

el vaso
glass

el lavarropas
washing machine

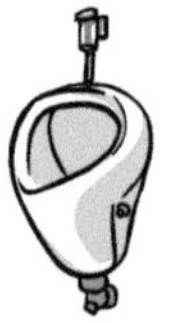

la canilla
tap

las baldosas
tiles

la pelela
potty

la pileta
sink

el inodoro	la letrina	el bidé
toilet	squat toilet	bidet
el mingitorio	el papel higiénico	el cepillo para el inodoro
urinal	toilet paper	toilet brush

el cepillo de dientes

toothbrush

el dentífrico

toothpaste

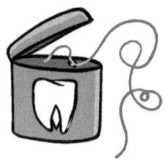

el hilo dental

dental floss

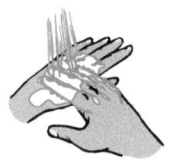

lavar

wash

la ducha de mano

handheld shower

la ducha higiénica

douche

la palangana

basin

el cepillo para la espalda

back brush

el jabón

soap

el gel de ducha

shower gel

el shampoo

shampoo

la toallita

flannel

el desagüe

drain

la crema

cream

el desodorante

deodorant

el baño - bathroom

el espejo
mirror

el espejito
hand mirror

la maquinita de afeitar
razor

la espuma de afeitar
shaving foam

el aftershave
aftershave

el peine
comb

el cepillo
brush

el secador de pelo
hair dryer

el spray
hairspray

el maquillaje
makeup

el lápiz de labios
lipstick

el esmalte para uñas
nail varnish

el algodón
cotton wool

la tijera para uñas
nail scissors

el perfume
perfume

el portacosméticos

washbag

la banqueta

stool

la balanza

weighing scale

la bata

bathrobe

los guantes de goma

rubber gloves

el tampón

tampon

la toallita femenina

sanitary towel

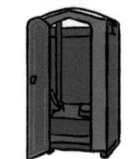

el baño químico

chemical toilet

child's room

el despertador
alarm clock
el peluche
cuddly toy
el coche de juguete
toy car
el sonajero
rattle
la casa de muñecas
doll's house
el regalo
present

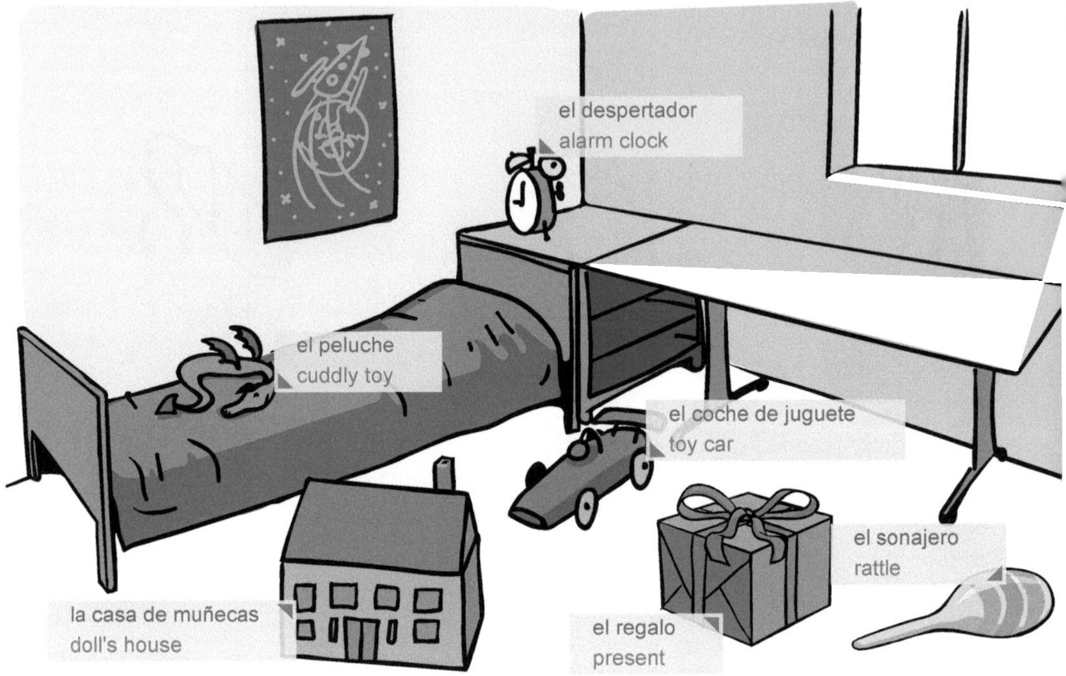

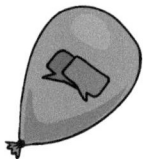

el globo

balloon

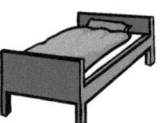

la cama

bed

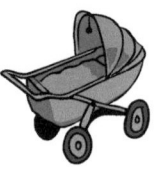

el cochecito

pram

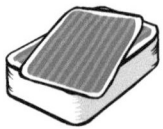

las cartas

deck of cards

el rompecabezas

jigsaw

SUPER
MEGA

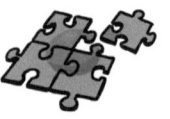

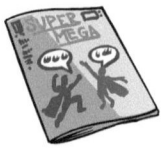

la historieta

comic

las piezas de lego

lego bricks

los ladrillos de juguete

building blocks

la figura de acción

action figure

el enterito (de bebé)

romper suit

el frisbee

Frisbee

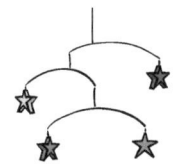

el móvil para bebés

mobile

el juego de mesa

board game

los dados

dice

el tren eléctrico

model train set

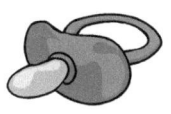

el chupete

dummy

la fiesta

party

el libro de cuentos ilustrado

picture book

la pelota

ball

la muñeca

doll

jugar

play

el arenero

sandpit

la hamaca

swing

los juguetes

toys

la consola de videojuegos

video game console

el triciclo

tricycle

el osito de peluche

teddy bear

el armario

wardrobe

las medias

socks

las medias panty

stockings

las calzas

tights

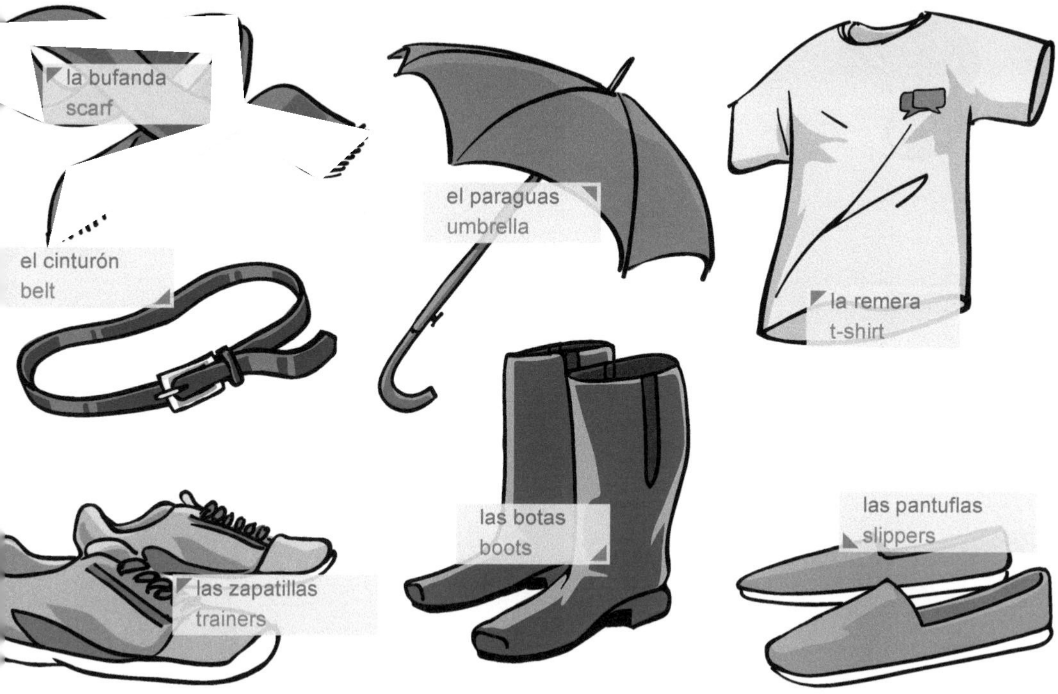

la bufanda
scarf

el cinturón
belt

el paraguas
umbrella

la remera
t-shirt

las zapatillas
trainers

las botas
boots

las pantuflas
slippers

las sandalias

sandals

los zapatos

shoes

las botas de goma

rubber boots

la ropa interior

underpants

el corpiño

bra

el chaleco

vest

el body
body

los pantalones
trousers

los jeans
jeans

la pollera
skirt

la blusa
blouse

la camisa
shirt

el pulóver
pullover

el buzo
hoodie

el blazer
blazer

la campera
jacket

el tapado
coat

el piloto
raincoat

el traje
costume

el vestido
dress

el vestido de novia
wedding dress

la ropa - clothing

el traje

suit

el camisón

nightgown

el pijama

pyjamas

el sari

sari

el pañuelo para la cabeza

headscarf

el turbante

turban

la burka

burqa

el caftán

kaftan

la abaya

abaya

el traje de baño

swimsuit

el short de baño

trunks

los shorts

shorts

el jogging

tracksuit

el delantal

apron

los guantes

gloves

el botón

button

los anteojos

glasses

la pulsera

bracelet

el collar

necklace

el anillo

ring

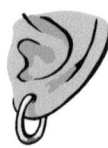

el aro

earring

la gorra

cap

la percha

coat hanger

el sombrero

hat

la corbata

tie

el cierre

zipper

el casco

helmet

los tiradores

braces

el uniforme escolar

school uniform

el uniforme

uniform

el babero

bib

el chupete

dummy

el pañal

nappy

el servidor
server

el archivero
filing cabinet

la impresora

el papel
paper

el monitor
monitor

el mouse
mouse

el teclado
board

el tacho (de basura)
paper bin

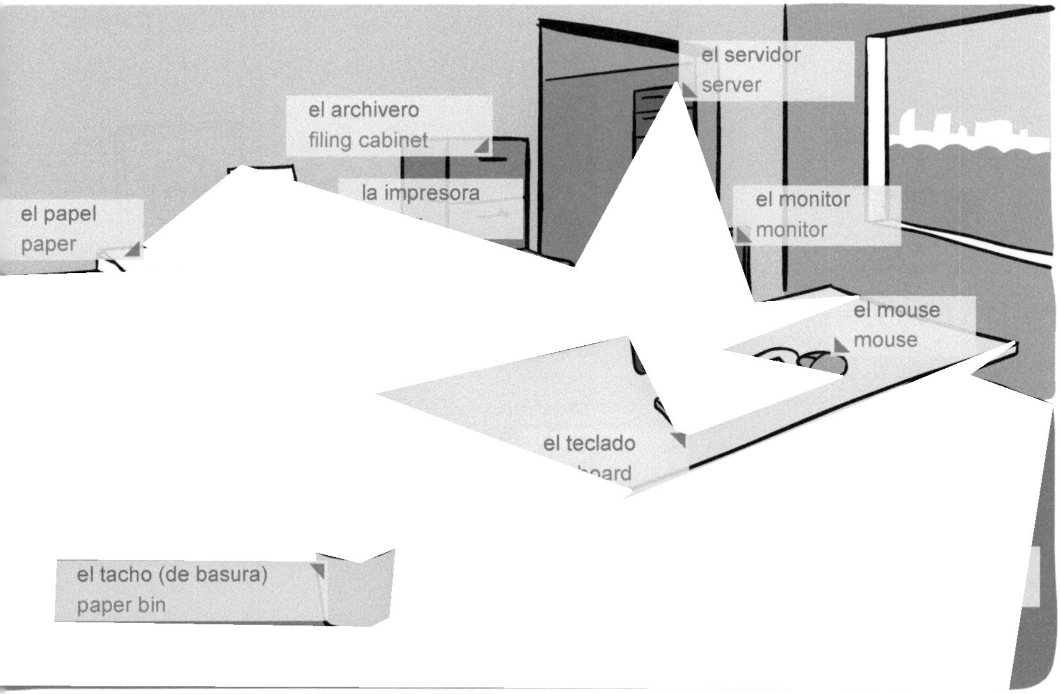

la taza de café

coffee mug

la calculadora

calculator

el internet

internet

la laptop

laptop

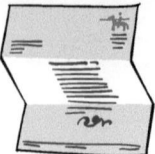

la carta

letter

el mensaje

message

el celular

mobile

la red

network

la fotocopiadora

photocopier

el software

software

el teléfono

telephone

el tomacorriente

plug socket

el fax

fax machine

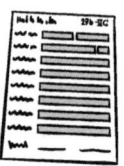

el formulario

form

el documento

document

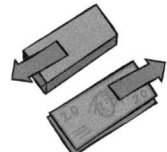

comprar
buy

pagar
pay

hacer negocios
trade

el dinero
money

el dólar
dollar

el euro
euro

el yen
yen

el rublo
rouble

el franco suizo
Swiss franc

el yuan
renminbi yuan

la rupia
rupee

el cajero automático
cashpoint

la casa de cambio

bureau de change

el oro

gold

la plata

silver

el petróleo

oil

la energía

energy

el precio

price

el contrato

contract

el impuesto

tax

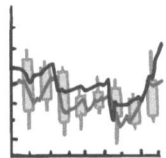

la acción

stock

trabajar

work

el empleado

employee

el empleador

employer

la fábrica

factory

el negocio

shop

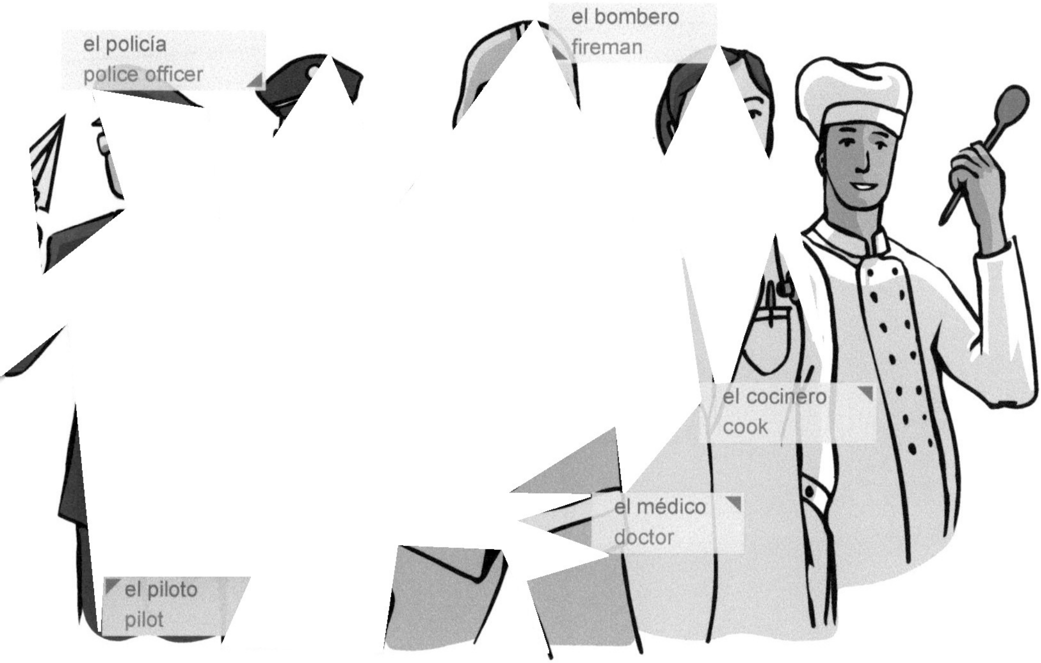

el policía
police officer

el bombero
fireman

el cocinero
cook

el médico
doctor

el piloto
pilot

el jardinero

gardener

el carpintero

carpenter

la modista

seamstress

el juez

judge

el farmacéutico

chemist

el actor

actor

las ocupaciones - occupations

el colectivero

bus driver

el taxista

taxi driver

el pescador

fisherman

la mucama

cleaning lady

el techista

roofer

el mozo

waiter

el cazador

hunter

el pintor

painter

el panadero

baker

el electricista

electrician

el albañil

builder

el ingeniero

engineer

el carnicero

butcher

el plomero

plumber

el cartero

postman

el soldado

soldier

el arquitecto

architect

el cajero

cashier

el florista

florist

el peluquero

hairdresser

el cobrador

conductor

el mecánico

mechanic

el capitán

captain

el dentista

dentist

el científico

scientist

el rabino

rabbi

el imán

imam

el monje

monk

el sacerdote

clergyman

tools

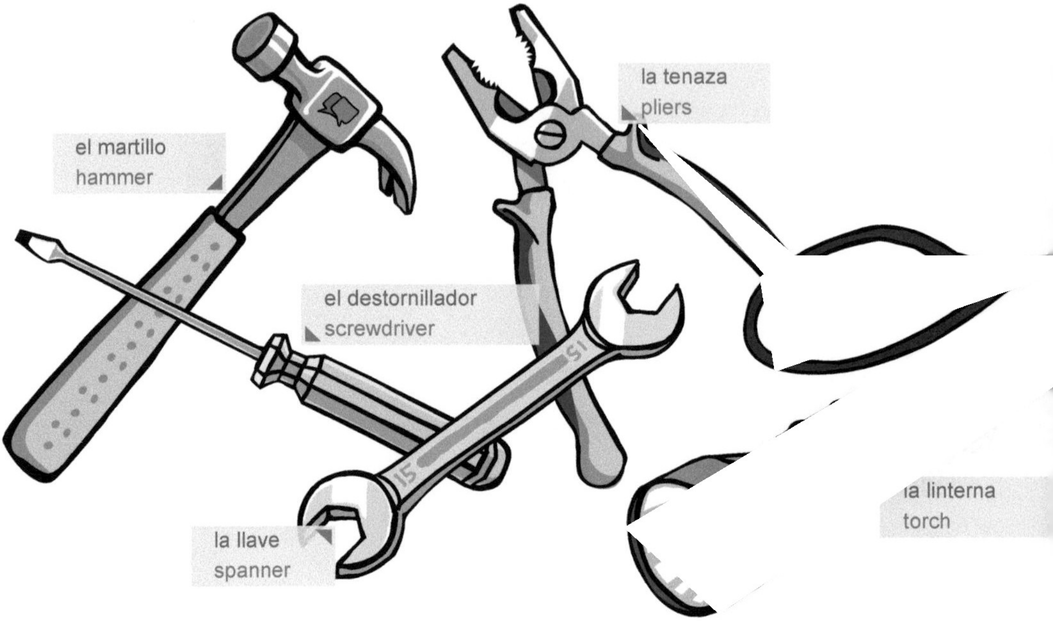
la tenaza
pliers
el martillo
hammer
el destornillador
screwdriver
la linterna
torch
la llave
spanner

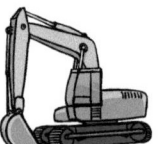

la excavadora
digger

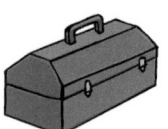

la caja de herramientas
toolbox

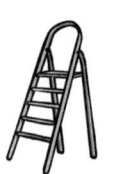

la escalera portátil
ladder

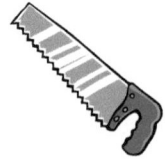

la sierra
saw

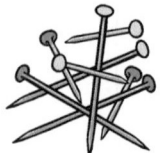

los clavos
nails

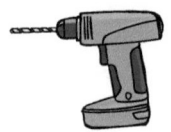

el taladro
drill

arreglar

repair

la pala de jardín

shovel

¡Qué bronca!

Damn!

la pala de plástico

dustpan

el tacho de pintura

paint pot

los tornillos

screws

musical instruments

la batería
drum kit

el parlante
loudspeaker

la guitarra
guitar

el contrabajo
double bass

la trompeta
trumpet

los instrumentos musicales - musical instruments

el piano

piano

el violín

violin

el bajo

bass

los timbales

timpani

el tambor

drums

el teclado

keyboard

el saxofón

saxophone

la flauta

flute

el micrófono

microphone

la entrada
entrance

el tigre
tiger

la jaula
cage

la cebra
zebra

el alimento para animales
animal feed

el oso panda
panda

los animales
animals

el elefante
elephant

el canguro
kangaroo

el rinoceronte
rhino

el gorila
gorilla

el oso
bear

el camello

camel

el avestruz

ostrich

el león

lion

el mono

monkey

el flamenco

flamingo

el loro

parrot

el oso polar

polar bear

el pingüino

penguin

el tiburón

shark

el pavo real

peacock

la serpiente

snake

el cocodrilo

crocodile

el cuidador del zoológico

zookeeper

la foca

seal

el jaguar

jaguar

el poni

pony

el leopardo

leopard

el hipopótamo

hippo

la jirafa

giraffe

el águila

eagle

el jabalí

boar

el pescado

fish

la tortuga

turtle

la morsa

walrus

el zorro

fox

la gacela

gazelle

el fútbol americano
American football

el ciclismo
cycling

el tenis
tennis

el básquet
basketball

la natación
swimming

el boxeo
boxing

el hockey sobre hielo
ice hockey

el fútbol
football

el bádminton
badminton

el atletismo
athletics

el handball
handball

el esquí
skiing

el polo
polo

saltar
jump

abrazar
hug

reír
laugh

caminar
walk

cantar
sing

rezar
pray

besar
kiss

soñar
dream

escribir
write

dibujar
draw

mostrar
show

presionar
push

dar
give

tomar
take

tener

have

hacer

do

ser

be

estar parado

stand

correr

run

tirar

pull

tirar

throw

caer

fall

estar acostado

lie

esperar

wait

llevar

carry

estar sentado

sit

vestirse

get dressed

dormir

sleep

despertar

wake up

mirar

look at

llorar

cry

acariciar

stroke

peinar

comb

hablar

talk

entender

understand

preguntar

ask

escuchar

listen

beber

drink

comer

eat

ordenar

tidy up

amar

love

cocinar

cook

manejar

drive

volar

fly

las actividades - activities

navegar

sail

calcular

calculate

leer

read

aprender

learn

trabajar

work

casarse

marry

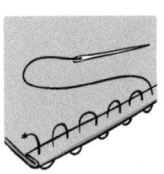

coser

sew

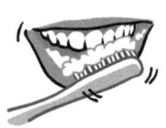

cepillarse los dientes

brush teeth

matar

kill

fumar

smoke

enviar

send

las actividades - activities

la abuela
grandmother

el abuelo
grandfather

el padre
father

la madre
mother

el bebé
baby

la hija
daughter

el hijo
son

el invitado
guest

la tía
aunt

el tío
uncle

el hermano
brother

la hermana
sister

la familia - family

la frente
forehead

el ojo
eye

el hombro
shoulder

el dedo
finger

la cara
face

la pera
chin

la mano
hand

el pecho
breast

la pierna
leg

el brazo
arm

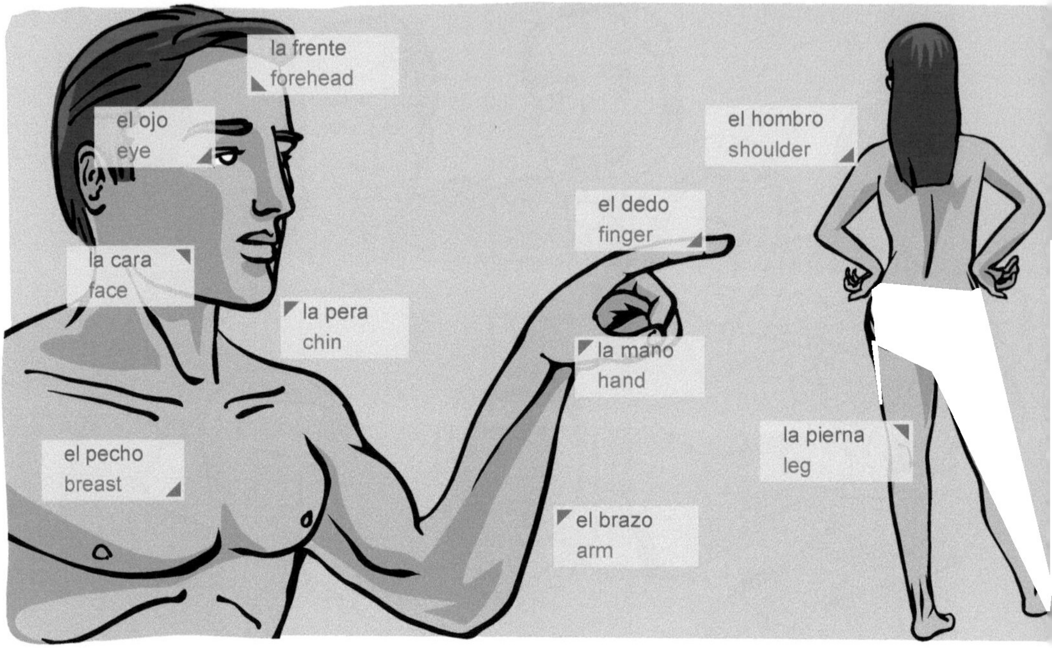

el bebé

baby

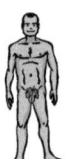

el hombre

man

la mujer

woman

la nena

girl

el nene

boy

la cabeza

head

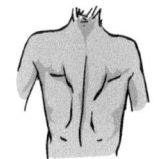

la espalda

back

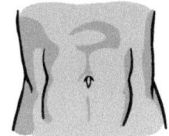

la panza

belly

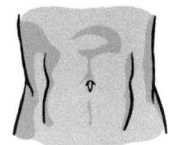

el ombligo

belly button

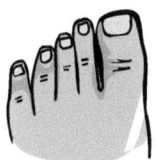

el dedo del pie

toe

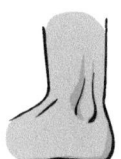

el talón

heel

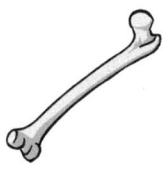

el hueso

bone

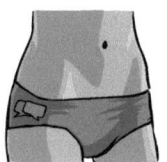

la cadera

hip

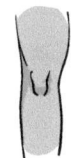

la rodilla

knee

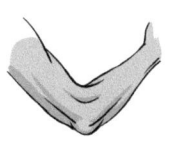

el codo

elbow

la nariz

nose

la cola

bottom

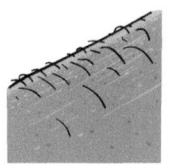

la piel

skin

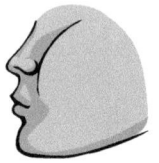

el cachete

cheek

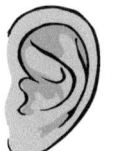

la oreja

ear

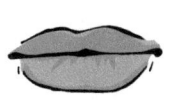

el labio

lip

el cuerpo - body

la boca

mouth

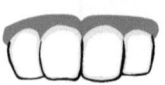

el diente

tooth

la lengua

tongue

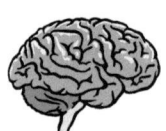

el cerebro

brain

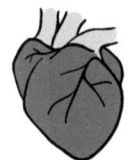

el corazón

heart

el músculo

muscle

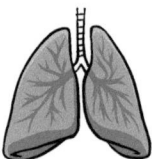

el pulmón

lung

el hígado

liver

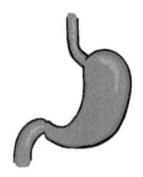

el estómago

stomach

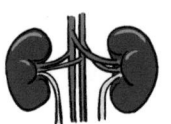

los riñones

kidneys

el sexo

sex

el preservativo

condom

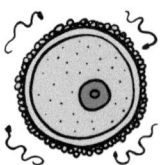

el óvulo

ovum

el semen

semen

el embarazo

pregnancy

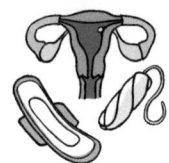

la menstruación

menstruation

la vagina

vagina

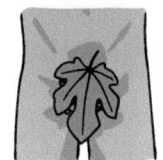

el pene

penis

la ceja

eyebrow

el pelo

hair

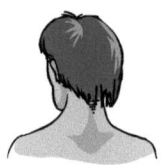

el cuello

neck

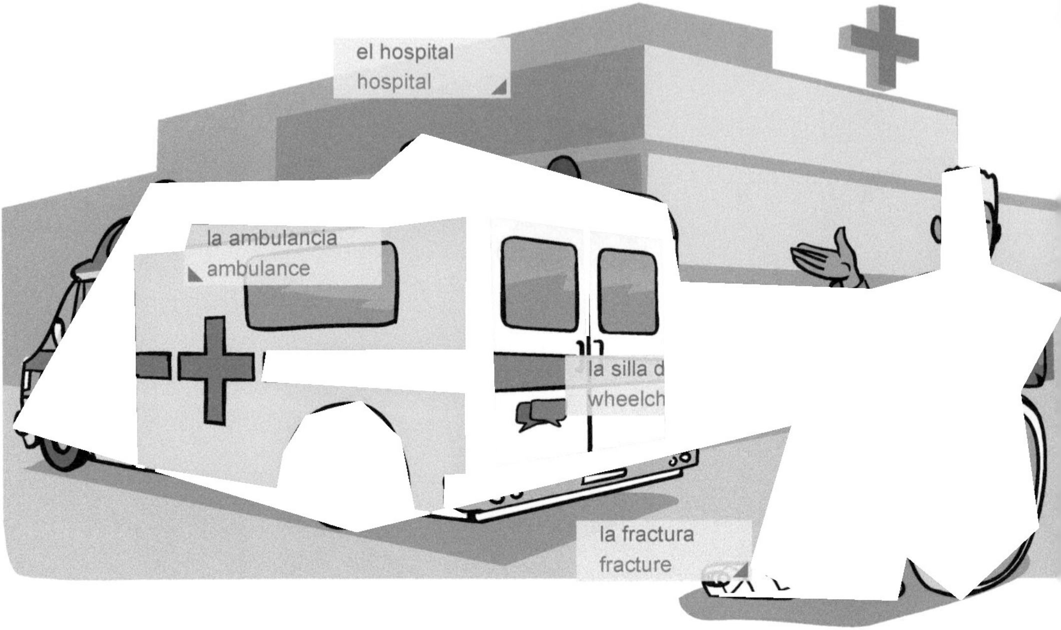

el hospital
hospital

la ambulancia
ambulance

la silla d
wheelch

la fractura
fracture

el médico

doctor

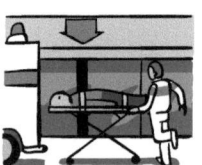

la sala de guardia

emergency room

la enfermera

nurse

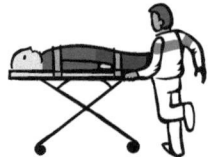

la emergencia

emergency

inconsciente

unconscious

el dolor

pain

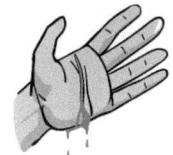

la lesión

injury

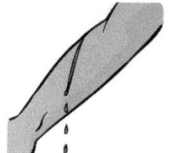

la hemorragia

bleeding

el infarto

heart attack

el ACV

stroke

la alergia

allergy

la tos

cough

la fiebre

fever

la gripe

flu

la diarrea

diarrhoea

el dolor de cabeza

headache

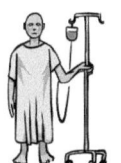

el cáncer

cancer

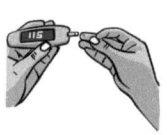

la diabetes

diabetes

el cirujano

surgeon

el bisturí

scalpel

la operación

operation

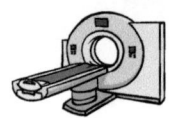

la TC

CT

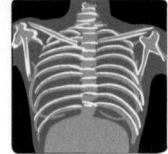

los rayos x

x-ray

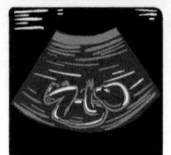

la ecografía

ultrasound

el barbijo

face mask

la enfermedad

disease

la sala de espera

waiting room

la muleta

crutch

la curita

plaster

la venda

bandage

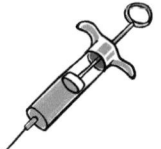

la inyección

injection

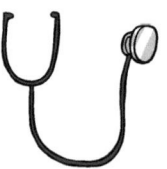

el estetoscopio

stethoscope

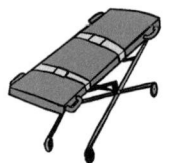

la camilla

stretcher

el termómetro

clinical thermometer

el nacimiento

birth

el sobrepeso

overweight

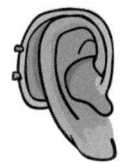

el audífono

hearing aid

el desinfectante

disinfectant

la infección

infection

el virus

virus

el VIH / SIDA

HIV / AIDS

el remedio

medicine

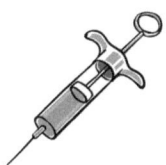

la vacunación

vaccination

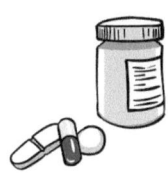

los comprimidos

tablets

la pastilla anticonceptiva

pill

la llamada de emergencia

emergency call

el tensiómetro

blood pressure monitor

enfermo / sano

sick / healthy

¡Ayuda!

Help!

la alarma

alarm

la agresión

assault

el ataque

attack

el peligro

danger

la salida de emergencia

emergency exit

¡Fuego!

Fire!

el matafuego

fire extinguisher

el accidente

accident

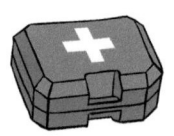

el botiquín de primeros auxilios

first-aid kit

el SOS

SOS

la policía

police

Europa

Europe

América del Norte

North America

América del Sur

South America

África

Africa

Asia

Asia

Australia

Australia

el Atlántico

Atlantic

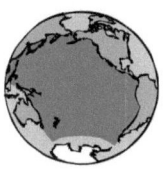

el Pacífico

Pacific

el Océano Índico

Indian Ocean

el Océano Antártico

Antarctic Ocean

el Océano Ártico

Arctic Ocean

el polo norte

North Pole

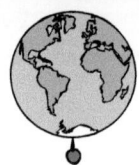

el polo sur

South Pole

la Antártida

Antarctica

la Tierra

Earth

la tierra

land

el mar

sea

la isla

island

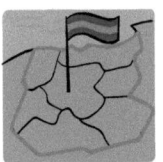

la nación

nation

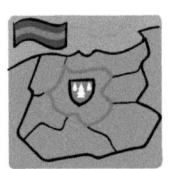

el estado

state

la esfera

clock face

la manecilla de las horas

hour hand

el minutero

minute hand

el segundero

second hand

¿Qué hora es?

What time is it?

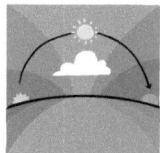

el día

day

la hora

time

ahora

now

el reloj digital

digital watch

el minuto

minute

la hora

hour

week

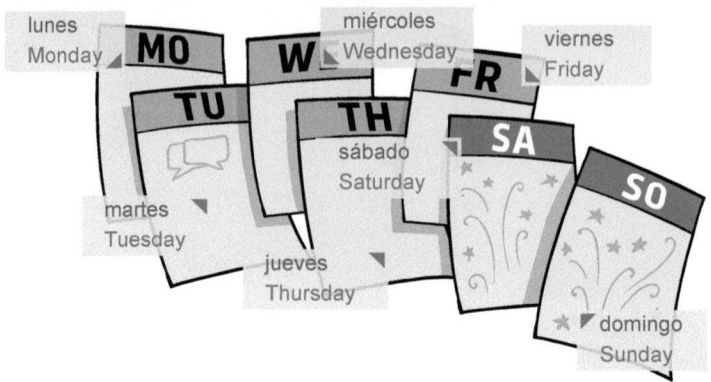

lunes — Monday
martes — Tuesday
miércoles — Wednesday
jueves — Thursday
viernes — Friday
sábado — Saturday
domingo — Sunday

ayer

yesterday

hoy

today

mañana

tomorrow

la mañana

morning

el mediodía

noon

la tarde

evening

los días hábiles

business days

el fin de semana

weekend

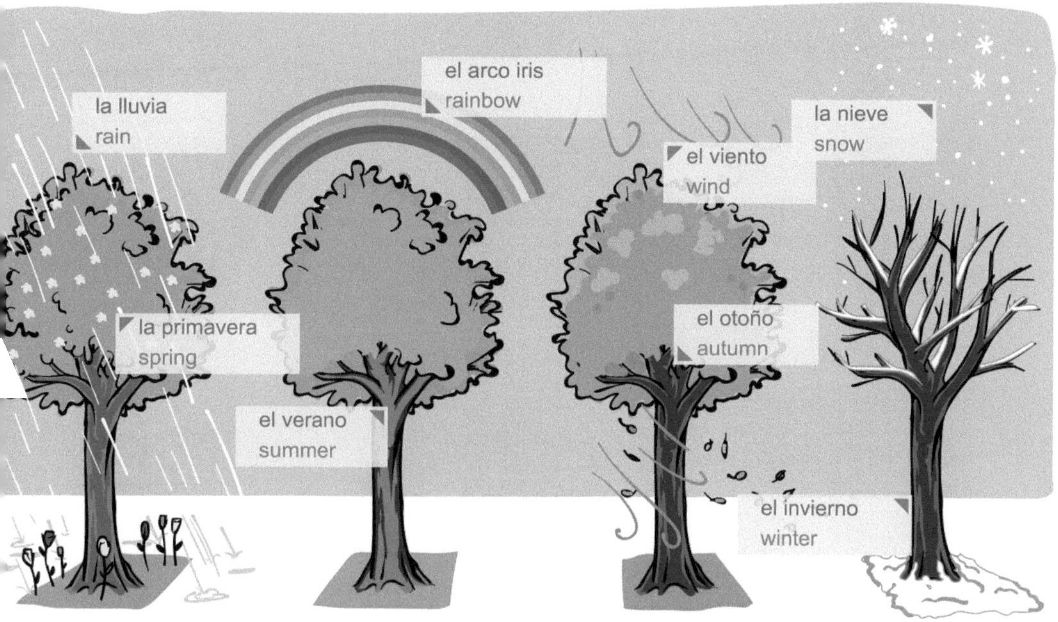

la lluvia
rain

el arco iris
rainbow

la nieve
snow

el viento
wind

la primavera
spring

el otoño
autumn

el verano
summer

el invierno
winter

4.APRIL	11°	☀
5.APRIL	4°	☔
6.APRIL	13°	☔
7.APRIL	8°	☀
8.APRIL	10°	☀

pronóstico meteorológico

weather forecast

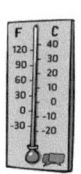

el termómetro

thermometer

la luz del sol

sunshine

la nube

cloud

la niebla

fog

la humedad

humidity

el año - year

el rayo

lightning

el trueno

thunder

la tormenta

storm

el granizo

hail

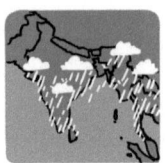

el monzón

monsoon

la inundación

flood

el hielo

ice

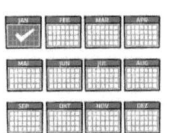

enero

January

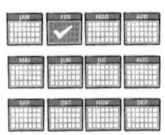

febrero

February

marzo

March

abril

April

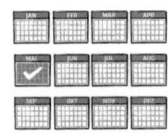

mayo

May

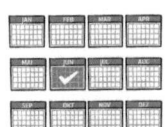

junio

June

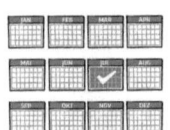

julio

July

agosto

August

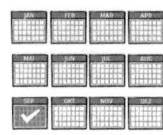

septiembre

September

octubre

October

noviembre

November

diciembre

December

el círculo

circle

el cuadrado

square

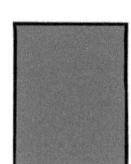

el rectángulo

rectangle

el triángulo

triangle

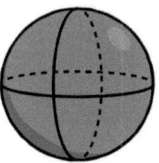

la esfera

sphere

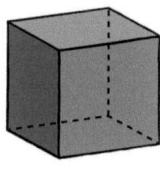

el cubo

cube

blanco

white

amarillo

yellow

naranja

orange

rosa

pink

rojo

red

violeta

purple

azul

blue

verde

green

marrón

brown

gris

grey

negro

black

mucho / poco

a lot / a little

enojado / tranquilo

angry / calm

lindo / feo

beautiful / ugly

el principio / el fin

beginning / end

grande / chico

big / small

claro / oscuro

bright / dark

el hermano / la hermana

brother / sister

limpio / sucio

clean / dirty

completo / incompleto

complete / incomplete

el día / la noche

day / night

muerto / vivo

dead / alive

ancho / angosto

wide / narrow

comestible / no comestible

edible / inedible

malo / amable

evil / nice

entusiasmado / aburrido

excited / bored

gordo / flaco

fat / thin

primero / último

first / last

el amigo / el enemigo

friend / enemy

lleno / vacío

full / empty

duro / blando

hard / soft

pesado / liviano

heavy / light

el hambre / la sed

hunger / thirst

enfermo / sano

sick / healthy

ilegal / legal

illegal / legal

inteligente / estúpido

intelligent / stupid

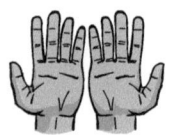

izquierda / derecha

left / right

cerca / lejos

near / far

nuevo / usado

new / used

nada / algo

nothing / something

viejo / joven

old / young

encendido / apagado

on / off

abierto / cerrado

open / closed

silencioso / ruidoso

quiet / loud

rico / pobre

rich / poor

correcto / incorrecto

right / wrong

áspero / suave

rough / smooth

triste / contento

sad / happy

corto / largo

short / long

lento / rápido

slow / fast

mojado / seco

wet / dry

caliente / frío

warm / cool

guerra / paz

war / peace

los opuestos - opposites

0	**1**	**2**
cero	uno	dos
zero	one	two

3	**4**	**5**
tres	cuatro	cinco
three	four	five

6	**7**	**8**
seis	siete	ocho
six	seven	eight

9	**10**	**11**
nueve	diez	once
nine	ten	eleven

12

doce

twelve

13

trece

thirteen

14

catorce

fourteen

15

quince

fifteen

16

dieciséis

sixteen

17

diecisiete

seventeen

18

dieciocho

eighteen

19

diecinueve

nineteen

20

veinte

twenty

100

cien

hundred

1.000

mil

thousand

1.000.000

el millón

million

el inglés

English

el inglés americano

American English

el chino mandarín

Mandarin Chinese

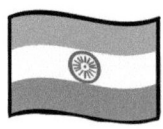

el hindi

Hindi

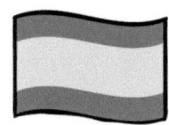

el español

Spanish

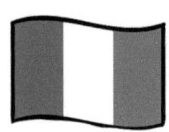

el francés

French

el árabe

Arabic

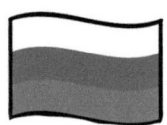

el ruso

Russian

el portugués

Portuguese

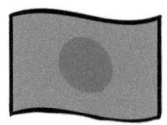

el bengalí

Bengali

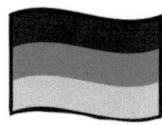

el alemán

German

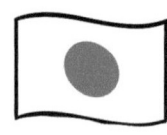

el japonés

Japanese

yo

I

vos

you

él / ella

he / she / it

nosotros

we

ustedes

you

ellos

they

¿quién?

who?

¿qué?

what?

¿cómo?

how?

¿dónde?

where?

¿cuándo?

when?

el nombre

name

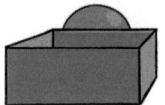

detrás

behind

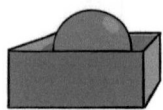

en

in

adelante de

in front of

por encima de

over

sobre

on

debajo de

under

al lado de

beside

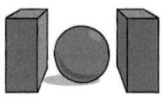

entre

between

el lugar

place